AUX ÉLECTEURS

URSUM CORDA !

Lons-le-Saunier, Imprimerie de H. Damelet.

AUX ÉLECTEURS

SURSUM CORDA !

PARIS

DEGORCE-CADOT, ÉDITEUR

37, RUE SERPENTE, 37

—

1869

Paris, 1er décembre 1868.

Mon cher Boysset,

Il y a une éternité que j'ai sur mon bureau, — que dis-je, sur mon bureau? — dans mon esprit, votre acte de foi : *Sursum Corda !* Il y a une éternité que je veux vous en remercier pour mon compte, et je voudrais avoir le droit de vous en remercier au nom de la démocratie.

Le temps m'a manqué, mais n'allez pas croire que j'ai jamais songé à faire faillite à la sympathie, — pour ne pas dire à l'admiration, de crainte de blesser votre modestie, — que m'inspire votre travail sur le suffrage universel, c'est-à-dire sur l'exercice même de la souveraineté nationale.

L'élite du barreau de Paris avait mis

la question de la liberté électorale au concours, et c'est vous, mon cher Boysset, qui, du barreau où vous tenez la place d'honneur, avez su répondre à la question, non-seulement en jurisconsulte, mais en profond publiciste (1).

Vous aviez déjà montré à la tribune, sous la République, votre talent d'orateur ; vous prouvez que vous sauriez le montrer de nouveau, malgré les dix-sept années d'interrègne de votre éloquence.

Car la plume à la main, aussi bien que dans une assemblée, vous avez, je

---

(1) Un prix avait été institué l'année dernière « pour « être décerné à l'auteur de la brochure qui tracerait au « peuple français la meilleure ligne de conduite à suivre « pour recouvrer sa puissance législative. » Les juges du concours étaient MM. Berryer, Marie, Jules Favre, Dufaure, Plocque, Allou et Desmarets, tous anciens bâtonniers de l'ordre des avocats de la Cour de Paris. Soixante-et-quinze mémoires ont été envoyés. Le travail que nous publions aujourd'hui a été spécialement distingué par les illustres membres de ce jury d'honneur.

L'éditeur, DEGORCE-CADOT,

vous le dis sans compliment, le don oratoire de la vérité. Vous savez non-seulement la démontrer, mais encore l'électriser. *Sursum Corda !* voilà votre devise.

C'est aussi la devise de la démocratie. Qu'elle vous lise, qu'elle vous écoute, qu'elle lise en elle-même, qu'elle écoute sa conscience traditionnelle de la Révolution, et nous sortirons enfin de l'étrange quiproquo qui essaie d'amalgamer la souveraineté du peuple avec l'omnipotence d'une seule volonté.

Ouï, *Sursum Corda !* Vous avez dit le mot du moment. Levons-nous tous d'un bout à l'autre de la France, non pour nous battre, Dieu merci ! le suffrage universel, proclamé le 24 février, nous a délivrés de tout appel désespéré à la force ; nous n'avons plus besoin, désormais, que de nous compter. Mais comptons-nous sérieusement, sincèrement, sans fraude matérielle ou morale d'arithmétique, et le jour où la France aura dit ce qu'elle veut, ce qu'elle pense, qui aurait le droit de dire le lendemain : Je veux et je pense autrement?

Voilà tout ce que j'ai le temps de vous dire, mon cher Boysset, mais tout ce que je ne vous dis pas, le vent vous le dira ; il souffle de plus en plus à la liberté. Tout le monde donc sur le pont et à la manœuvre ! Car si je ne m'abuse, nous touchons à une date de notre histoire ; vous y avez votre place marquée d'avance.

Tout à vous.

EUGÈNE PELLETAN.

AUX ÉLECTEURS

SURSUM CORDA !

I

La Liberté.

La France se consume dans le malaise. Une fièvre lente mine et dévore sa vitalité.

Elle rit, dites-vous, elle chante, elle dîne, elle danse, elle dort, elle joue, elle trafique, elle pratique l'insouciance et la jouissance. Soit ! mais elle souffre, elle languit, elle décroît, elle s'énerve, et si la voie dans laquelle sont engagées ses destinées devait être longtemps encore suivie, la France perdrait irrémédiablement sa primauté parmi les nations du monde.

Déjà sa pensée s'est amollie; déjà son cœur ne vibre plus, comme autrefois, de pulsations pleines et généreuses; déjà sa puissance productive subit un ralentissement et une décroissance visibles.

Oui! la Science est étranglée plus ou moins étroitement par les préoccupations politiques et religieuses; — la Morale s'en va à la dérive, flottant au hasard, disposée à toutes les lâchetés et à toutes les défaillances, faute de fermes principes sur lesquels puisse reposer sa base; — l'Art languit, privé de soleil et d'air; — l'Agriculture, l'Industrie, le Commerce, frappés d'hésitation, de découragement, de défiance, de je ne sais quel marasme douloureux et intime, en sont réduits aux expédients, aux aventures, aux combinaisons laborieuses et artificieuses.

Pourquoi cette situation maladive, grosse de complications et de périls?

C'est que la Liberté fait défaut et que la France ne peut vivre sans la Liberté.

La Liberté n'est pas le désordre, le uéré-glement, l'abus, le trouble en permanence, comme se plaisent à le proclamer ses ennemis avec une affectation significative. La Liberté est *la possibilité, pour tout homme, de dévelop-per les facultés qu'il a reçues de la nature au triple point de vue de l'Intelligence, de la Mora-lité, et de la Puissance productive.*

La base primordiale et indispensable de la Liberté est dans L'INSTRUCTION UNIVERSELLE, sans laquelle ce développement des forces hu-maines demeure impossible. En effet, sans l'Instruction, les erreurs abondent, et, par conséquent, les mécomptes de tout ordre. Il faut la lumière intellectuelle pour bien vivre, comme il faut la lumière physique pour se diriger.

Sans cette Instruction universelle, la *Morale* est en détresse, elle manque des bases con-sistantes et lumineuses qui en assurent et en protègent à un degré supérieur la pratique individuelle et sociale.

Sans cette Instruction universelle, l'*Indus-trie,* le *travail* humain, cheminent faibles, impuissauts, misérables, produisant peu, produisant mal, produisant chèrement, à grands efforts de sueur dépensée.

Lorsque, pourvu de cette Instruction, de cette force première, sans laquelle il reste à l'état d'ébauche, le citoyen arrive à l'âge d'homme, il doit, à l'aide du Crédit, trouver dans la Société les moyens de travailler, c'est-à-dire les moyens de vivre et de verser dans le torrent de la circulation sociale tout l'excédant de ses besoins. La Richesse individuelle et la Richesse générale se trouvent ainsi engendrées par la Liberté, par cette Liberté qui, nous l'avons dit, n'est autre chose que la possibilité pour chacun de développer dans toute leur amplitude régulière ses facultés naturelles.

Et, pour tout dire, il faudrait que les désastres, les grêles, les incendies, les maladies, les accidents, la vieillesse, en un mot, toutes les impuissances, toutes les infortunes imméritées fussent accueillies et réparées par des institutions tutélaires, où la *Mutualité solidaire*, descendue enfin des nuages de la théorie, recevrait son application effective, sans que, d'ailleurs, l'initiative individuelle cessât d'être religieusement respectée comme le ferment par excellence, comme le grand ressort du progrès et de la civilisation.

Telles sont les fortes assises fondamentales de la Liberté.

Au-dessus de ces fondations puissantes doit s'épanouir en plein soleil le corps du noble édifice :

1° *La pensée et le sentiment affranchis* de toute recherche, de toute inquisition, du plus léger contact, à plus forte raison, de toute compression quelconque! Point d'idées officielles, point de sentiments recommandés ou imposés au prône administratif! Point de religions fonctionnant avec approbation et privilège! Le cerveau et le cœur de l'homme doivent être respectés scrupuleusement comme des Sanctuaires inviolables!

2° *La plume et la parole libres!* Car si, en votre âme et conscience, vous croyez avoir conquis une idée utile et féconde, il est de la plus haute importance qu'elle se produise. Librement pesée, mesurée, vérifiée par la société tout entière à laquelle vous en offrez l'exposé sommaire, peut-être votre idée mourra-t-elle sous les coups de la franche et pure critique, et alors tout sera dit : non-seulement la société n'aura reçu aucune blessure, mais un service lui aura été rendu; car une erreur aura été condamnée et dûment exécutée ; — peut-être votre idée subira-t-elle, en passant à ce crible salutaire de l'examen général, d'importantes modifications, et alors encore, à ce titre, elle aura produit sa part d'utilité, ne fût-ce que comme force motrice et propulseur initial ;— peut-être enfin, après discussion suffisante, ardente et approfondie, votre idée sera-t-elle reconnue réellement et sérieusement profitable ; et alors, proclamée telle, elle sera socialement appliquée pour le bien commun.

3° *Les réunions et les associations libres !* Car se réunir et s'associer, c'est penser en commun, c'est parler en commun, c'est agir en commun. Or, si la pensée isolée est bonne, si la parole isolée est bonne, si l'action isolée est bonne, la pensée, la parole, l'action de plusieurs, unies en faisceau, ne sauraient être mauvaises. Que l'objet de ces réunions et de ces associations soit scientifique, moral, artisque, agricole, industriel ou commercial, ou qu'il soit exclusivement politique, peu importe ; l'effort commun constitue un accroissement de force, et tout accroissement de force est un bien social.

Et les associations de *malfaiteurs !* objectera quelque ennemi de la Liberté. La réponse est bien simple et la voici en quatre mots : Les *malfaiteurs* n'ont pas coutume de s'associer au grand jour, en plein soleil, sous l'œil de la société ; ils ne se prévaudront jamais des franchises générales pour l'exécution de leurs hautes ou basses œuvres, pas plus qu'ils n'attendent, pour se constituer en compagnies de brigandage, la licence des lois libérales dont ils se soucient fort peu et se passent à merveille.

Que les bonnes âmes se rassurent et remettent au fourreau leurs objections dès longtemps émoussées !

La France veut donc la Liberté. Elle la demande haut et fort. Elle veut vivre, grandir, s'épanouir, développer ses puissances, et réaliser ainsi ses hautes destinées qui sont les destinées du monde.

Or, la France taxe d'insuffisance, de pauvreté, d'inefficacité radicale, l'enseignement distribué à la jeunesse ; — la France accuse l'absence de toute sérieuse impulsion et l'impossibilité de tout sérieux essor spontané vers la mutualité, vers la solidarité sociale ; — la France ose croire que la conscience, la pensée, la parole, la plume, les réunions et les associations sont chargées d'entraves qui les paralysent ; — la France voudrait penser par elle-même, parler par elle-même, croire par elle-même, respirer par elle-même, se diriger, se gouverner, se modifier au besoin ; — la France voudrait travailler dans le calme et dans la paix, avec science, avec ardeur, au grand profit de l'opulence collective ; — elle voudrait se préserver des aventures et des mésaventures, des fardeaux écrasants, des finances obérées, des impôts accumulés et surtaxés, des perceptions insatiables, des douloureux sacrifices d'hommes tués, d'argent jeté à profusion, de dignité compromise, de repos troublé, qui trop souvent, suivant elle, lui sont demandés et imposés.

La France est souveraine. Il lui suffit de parler haut et clair pour que sa forte voix soit écoutée,

IJ

Le Suffrage universel.

Nous disons que la France est souveraine.

En effet, la constitution qui nous régit « *re-*
« *connaît, confirme et garantit les grands prin-*
« *cipes proclamés en 1789.* »

Or, le premier de ces grands principes, c'est
la SOUVERAINETÉ POPULAIRE.

Et le préambule de cette même constitution
porte expressément ces déclarations significa-
tives : « *Le peuple reste toujours maître de sa*
destinée. En dehors de sa volonté, rien ne se
fait de fondamental. »

Le peuple, c'est-à-dire la masse nationale
tout entière, avec ses diversités d'âges, de
régions, de tendances, de professions, d'intérêts, de points de vue, reste donc, en principe, le Souverain suprême.

Quel est le langage formel et puissant que
peut et doit parler la France ?

Sera-ce le langage de la force, langage pé-

remptoire, mais terrible, que les peuples n'em-
ploient qu à l'heure suprême? « *Une nation*
« *fait bien de se revendiquer elle-même !* »
s'écriait un jour M. Guizot. Ecartons cette
brûlante hypothèse et arrêtons-nous au langage légal, au langage électoral, calme et digne, mais énergique et résolu. C'est celui-là,
qui, toujours, sur tous les points de notre
France, est à la disposition du peuple ; c'est
celui-là qu'il faut faire retentir de telle sorte
que forcément il prédomine et triomphe.

Nous avons le SUFFRAGE UNIVERSEL ! Droit
fécond, droit immense, d'où peuvent sortir
sans secousses toutes les améliorations, toutes
les réformes, tous les progrès, toutes les transformations, lentement et régulièrement, comme
des glands jetés en terre naissent les chênes
de la forêt.

Aux beaux jours de la monarchie, le citoyen n'était rien, le Roi était tout. « *L'Etat,
c'est moi !* » disait orgueilleusement Louis XIV.
Et les commentaires traditionnels ajoutaient :
« Sire ! tout ce peuple est à vous ; ces terres
sont à vous ; ces richesses sont à vous ; ces
forces vives sont à vous ! C'est par votre su-

blime faveur que nous travaillons et vivons !
C'est sous votre bon plaisir que nous acqué-
rons, possédons et conservons, sauf les tri-
buts et redevances ! Vous seul tenez en vos
mains royales les destinées des mortels !
Gloire à vous ! Et puissance à vous seul ! »

Cependant 1789 paraît, et l'édifice de la
Providence monarchique s'écroule sous les
éclats de la foudre. Là où il y avait un troupeau d'hommes courbés et asservis, des citoyens se lèvent dans leur dignité enfin conquise.

Dès lors ces citoyens prétendent se gouverner eux-mêmes et le règne de la *souveraineté
populaire* est inauguré.

Mais voici que rayonne le premier empire.
La Liberté disparaît, le Droit est refoulé, la
gloire, cette sanglante et coûteuse folie, étouffe
tout sous le bruit des batailles.

Après quinze ans de cette fumée, de ces
agitations retentissantes et stériles, de cet
étouffement de la Liberté et du Droit populaire, Napoléon tombe écrasé sous le poids de
ses ambitions et de ses fautes. La Liberté re-
paraît alors, timide, voilée, reléguée encore,

mais enfin vivante et agissante. L'intervention des citoyens dans les affaires collectives reçoit sous forme électorale une consécration moins étroitement et moins artificieusement mesurée. Mais la main du pouvoir reste parcimonieuse. Puis, après une période nouvelle de quinze années de luttes, de combats et d'algarades parlementaires, Charles X est chassé à son tour pour avoir souffleté la Liberté.

« *C'est la plus nécessaire, c'est la plus légi-*
« *time, à coup sûr, des révolutions qui se soient*
« *accomplies dans le monde!* » s'écriait **M.** Guizot, le 19 février 1831, en parlant de cette juste colère du peuple.

« *Jamais crime plus odieux n'avait marché*
« *le front plus haut,* ajoutait M. de Broglie le 9
« avril suivant, *jamais châtiment plus exem-*
« *plaire ne suivit le crime de plus près!* »
Enfin M. Dupin, de son côté, prenait aussi la parole : « *La France était opprimée au*
« *dedans par un gouvernement qui avait mé-*
« *connu ses droits, elle s'est relevée avec toute*
« *sa dignité ; elle a saisi non pas seule-*
« *ment des armes pour s'en servir, mais*
« *elle a saisi le Code de ses droits; elle s'est*

« *rassise sur elle-même.* » (27 janvier 1831.)

Ainsi, Louis-Philippe, né de cette Révolution EXEMPLAIRE et LÉGITIME, et pressé par les nécessités impérieuses, dut élever de quelques degrès encore le niveau de la Souveraineté populaire effective.

Mais ce n'était point assez. La Masse nationale tout entière, cette infatigable légion de vaillants travailleurs qui produit le blé, le vin, le sucre, le chanvre, le lin, les tissus, les machines, le bois, les mille matières premières, les mille matières ouvrées, dont la société ne saurait se passer un instant, demandait, elle aussi, le droit de cité politique conquis en 1789, elle voulait faire acte de volonté dans la direction des affaires collectives.

On sait comment Louis-Philippe opposa obstinément à ces aspirations hautement justifiées la plus dédaigneuse résistance, comment M. Guizot, son Ministre d'État, le glorificateur de la Révolution de 1830, répondit au suffrage universel qui rugissait au dehors, ce mot célèbre, éternel défi des puissances: « *Jamais !* » — comment, en face de ces arrogants et injustes dénis, le suffrage universel chassa Louis-Philippe et M. Guizot, tout comme avait été chassé, dix-huit années auparavant, le roi Charles X.

Le 24 février 1848, la République fut proclamée, aux acclamations enthousiastes de la France entière.

Son premier mot fut celui-ci :

suffrage universel, — c'est-à-dire émancipation politique définitive des masses populaires, conformément aux vœux, aux tendances, aux nécessités logiques, équitables et irrésistibles de la société.

Son second mot :

abolition de la peine de mort en matière politique — c'est-à-dire modération, tolérance, mansuétude, respect de la vie humaine, même à travers les plus extrêmes, les plus ardentes, les plus violentes manifestations de l'essor social.

Son troisième :

plus d'esclavage aux colonies, — c'est-à-dire Liberté pour tous, même pour les types inférieurs ou retardataires.

Dès lors, la Souveraineté populaire était irrévocablement fondée.

III

Electeurs et Eligibles

L'Electeur tient dans ses mains ses destinées personnelles, celles des siens, celles de la France entière.

Aujourd'hui, de par la République de 1848, *tout Français âgé de 21 ans, est Electeur.* Telle est la règle, tel est le principe général.

En d'autres termes, quiconque pense, parle, travaille, est un des fils de la Société, un des membres de la grande famille. A ce titre il a voix consultative et délibérative dans les affaires communes. Il a le droit et le devoir de les suivre toujours d'un regard attentif, et d'y intervenir, à certaines heures spéciales, activement et directement.

Chaque année amène le recensement régulier, exact, scrupuleux de tous les citoyens auxquels leur âge confère le bénéfice de la présomption de dignité, de force, d'intelligence suffisantes. Et la *liste électorale* est dressée.

C'est le maire qui, dans chacune des Communes de France, est investi de cette fonction grave.

Il établit, par ordre alphabétique, l'inventaire général des Electeurs, c'est-à-dire des Citoyens de la Commune dont il est le mandataire.

Tous les habitants doivent y figurer pourvu qu'ils aient dans cette Commune *six mois au moins de résidence effective*. Ceux-là même qui, au moment où commence la formation des listes, ne remplissent pas encore les conditions légales de résidence et d'âge, mais qui doivent les atteindre avant la clôture de cette formation, sont nécessairement inscrits.

Les militaires et les marins en activité de service sont portés sur les listes des Communes qu'ils habitaient avant leur départ. Mais ils ne peuvent voter que dans ces Communes même, dans leurs Communes respectives, lorsqu'ils s'y trouvent en réalité au moment de l'élection.

D'ailleurs, ces listes civiques n'admettent point les personnalités flétries par de lourdes condamnations judiciaires ou frappées d'impuissance intellectuelle.

ıı y a des excommunications perpétuelles,
il y en a de temporaires.

Le bagne, la réclusion, pour un crime quelconque, emportent déchéance irrémédiable.
Il en est de même du vol, de l'escroquerie,
de l'abus de confiance, des attentats aux
mœurs, de la mendicité, du vagabondage, de
l'usure, de la faillite, de la démence ou de
l'idiotisme, et de quelques autres situations
douloureuses autant que répulsives, judiciai-
rement constatées.

La rébellion, l'outrage, la violence envers
les agents de l'autorité, les attroupements, les
clubs, le colportage, l'insulte à un juré ou à
un témoin, dûment établis par sentence judiciaire, entraînent déchéance momentanée,
privation du droit de vote durant les cinq ans
qui suivent la sentence.

Ainsi sont constituées les listes électorales.

Elles restent là, en permanence, sous la
garde du Maire, toujours accessibles à tous
les Citoyens.

Mais chaque année elles subissent une révision, comme de droit et de justice. Des ad-
ditions et des re   m ts s'y opèrent.

Les nouveau-venus par l'âge ou par la résidence y sont admis. Les morts, les condamnés, les faillis, les interdits, ceux que les
mobilités de l'existence moderne ont emportés
ailleurs, en sont, au contraire, rayés.

Les réclamations d'admission ou de retranchement sont possibles à tous, même alors
qu'il s'agit d'autrui ; car il est important à tous
qu'une intrusion n'ait pas lieu, qu'une usur-
pation ne soit point commise ; comme il importe à tous que tout citoyen digne de ce nom
ne subisse point une privation imméritée de
ce droit sacré et fondamental.

Chaque année donc, à partir du 16 janvier
les réclamations sont ouvertes. Des délégués
municipaux statuent sur la légitimité de celles
qui se produisent. Le Juge de paix, au besoin,
décide par voie d'appel, et sa décision doit être
rapide et gratuite, — rapide, car il y a urgence;
gratuite, car il ne faut pas qu'une question de
dignité et de droit civiques soit étouffée par une
question d'argent.

Puis, au bout de vingt jours, la liste demeure établie, et durant toute l'année qui
suit, elle sert de base à l'élection, si une élection se présente.

Quant aux *Eligibles*, point de listes à dresser.
Tout citoyen peut être choisi par les Electeurs.
Dijon peut appeler de Mâcon, de Bordeaux, de
Paris ou de Marseille, l'homme auquel il lui
convient de décerner l'honneur insigne de la
représentation nationale. Il suffit que cet
homme, ainsi glorifié par ce seul appel, soit
âgé de 25 années au moins pour que la haute
et suprême fonction de gardien des destinées
collectives lui soit dévolue, à quelque profession, à quelque rang social, à quelque région
qu'il appartienne, — et qu'il n'ait encouru,
d'ailleurs, aucune des déchéances, aucune des
indignités qui engendrent la radiation des listes
électorales.

En un mot, *tout Electeur, âgé de 25 ans au
moins, peut-être choisi comme Député*, dans
toutes les circonscriptions Electorales de
France.

Un seul ordre d'exceptions se formule ainsi
dans la loi :

« Ne peuvent être élus, dans tout ou partie
« de leur ressort, pendant les six mois qui
« suivent leur destitution, démission, ou tout
« autre changement de position, les Premiers

« Présidents, Procureurs généraux, Prési-
« dents de tribunaux, Procureurs Impériaux,
« Commandants Supérieurs des Gardes Natio-
« nales de la Seine, Préfets de police, Préfets
« et Sous-Préfets, Archevêques, Évêques et
« Vicaires-Généraux, Officiers-Généraux com-
« mandant les Divisions et Subdivisions mili-
« taires, Préfets maritimes. »

Il est aisé de comprendre, en effet, à quelles
énormités pourraient aboutir de telles candi-
datures, et comment les fonctionnaires de
cette importance arriveraient à se préparer,
par leur influence carressante ou menaçante,
par les faveurs et les violences, par mille manœuvres subversives convenablement prolongées, une sorte de litière électorale d'où
sortirait un scrutin altéré et frelaté, œuvre
de l'artifice et du mensonge.

IV

Le Député.

Le scrutin n'est pas ouvert encore, mais dans vingt jours il doit s'ouvrir — La *période électorale* a commencé, période solennelle d'animation pacifique, heure grave où les consciences doivent se recueillir, puis adopter résolument un nom comme expression sommaire et symbolique.

Qui choisirez-vous? qui nommerez-vous pour votre mandataire? A qui remettrez-vous cette haute mission de chercher et de déterminer suivant quelles règles générales, suivant quelles lois, la société doit se mouvoir et vivre, par quelles institutions son essor peut être stimulé et favorisé, quel *régime*, en un mot, doit s'adapter avec le plus d'avantage aux conditions de l'existence collective, lesquelles réagissent nécessairement et directement sur les conditions de l'existence individuelle ?

Un homme se propose, ou, par sa distinction, se recommande à l'attention publique, au point de vue du mandat législatif.

L'électeur doit étudier cet homme, se renseigner sur tout ce qui le concerne, connaître ses sentiments, ses idées générales, l'ensemble de ses tendances et de ses vues. La loyauté, la sincérité, la fermeté du candidat doivent être l'objet d'un examen approfondi. La dignité, l'unité, la cohésion de sa vie passée doivent être sévèrement considérées comme constituant la plus sûre garantie de l'avenir; car les paroles pompeuses, les phrases dorées les proclamations enthousiastes, les promesses magnifiques, ne vaudront jamais une série plus ou moins forte et longue d'actes substantiels, précis, certains, matériellement acquis, formant un puissant faisceau.

Puis, tout au fond de sa conscience ainsi religieusement éclairée, l'Electeur dresse la balance, et la pesée s'opère.

Ce n'est pas là un *droit* seulement, il faut le dire et le redire, c'est un *devoir* impérieux auquel nul ne peut faillir sans ineptie ou sans lâcheté. Car, encore une fois, il s'agit du bonheur ou du malheur social, il s'agit de grandeur ou d'abaissement, il s'agit de richesse ou de misère ; et, notez soigneusement ce point : si la société est forte, grande, généreuse, opulente, cette force, cette élévation, cette générosité, cette opulence, vous envelopperont dans leurs splendeurs ; — si la société est faible, dépravée, pauvre de cœur, lâche au travail, débile dans sa production collective, ces relâchements, ces abaissements, ces détresses morales et matérielles rejailliront sur vous-même forcément et inévitablement ; vous serez atteint jusqu'au fond de votre foyer par ces éléments funestes ; vous serez troublé dans vos plus délicates intimités ; et l'égoïsme dans lequel vous aviez prétendu vous envelopper avec une froide indifférence pour échapper à la contagion des plaies sociales, n'aura été qu'une forteresse chimérique et un palladium illusoire. La société est notre mère commune ; nous vivons dans ses flancs, intimement et invinciblement liés à ses joies et à ses douleurs, à ses élans et à ses défaillances, à sa vigueur ou à sa langueur affaissée ; pas un seul parmi nous, quel que soit son orgueil, quelle que soit sa hautaine et folle prétention à l'isolement et à l'indépendance en face des crises sociales, quelle que soit son insouciance sceptique, ne saurait se soustraire à cette inflexible loi d'une connexion inévitable.

Telle est donc l'étude préalable, tel est l'examen sérieux, calme, attentif, approfondi, impartial, auquel doit se livrer l'électeur avant de se présenter au scrutin. Vingt jours sont peu pour ces graves recherches, dignes à tous les titres de longues et insistantes préoccupations.

Confier ses intérêts, ceux de ses enfants, ceux de son pays, le présent et l'avenir de la France, à une personnalité inconnue, équivoque, médiocre, ou nettement défectueuse, au double point de vue de la moralité et de l'intelligence, c'est tout simplement faire acte de démence, de folie insigne; c'est se livrer, pieds et poings liés, au premier venu, en comptant sur la Providence, pour verser à ce premier venu, par une intervention subite et miraculeuse, la force, la lumière, la pureté. Et si les 280 circonscriptions de la France électorale venaient, par aventure, à pratiquer ce haut et confiant idiotisme, la Providence, accablée du fardeau, renoncerait à l'œuvre, et nos destinées, précipitées dans je ne sais quels jeux cruels et redoutables, nous conduiraient à des désolations infinies; — confier ces grands intérêts à une personnalité connue, étudiée, éprouvée à tous les titres, c'est faire acte de sagesse, c'est se préserver soi-même, et les siens, et la nation tout entière, des affaissements, des convulsions, des agitations violentes et douloureuses.

Un point surtout doit être mis au vif. Les Députés ont à voter l'impôt; ils ont à voter le contingent annuel de la conscription militaire; ils ont à régler, par des lois incessamment modifiables, tout ce qui touche à l'instruction générale, à l'agriculture, à l'industrie, au commerce, au crédit public, aux emprunts, aux finances, aux travaux d'utilité générale; ils veillent aux relations de la France avec les nations étrangères, voisines ou lointaines; en un mot, tous les grands éléments de la vie nationale sont dans leurs mains, sous leurs yeux, éternellement proposés à leur sollicitude et à leur vigilance. Organes de la conscience publique et des aspirations générales, leur devoir est de surveiller, de contrôler, de blâmer, au besoin, le gouvernement. Ils doivent l'arrêter dans ses écarts, couper court aux dépenses folles ou excessives, condamner les impôts trop lourds, proscrire les armements exagérés, les guerres injustes ou aventureuses, les mesures violentes, compressives, arbitraires, ramener enfin à la ligne droite et ferme toutes les déviations abusives

A cet effet, il est une qualité indispensable au député, mandataire national. Cette qualité c'est l'INDÉPENDANCE, — indépendance d'idées, — indépendance de caractère, — indépendance de situation générale et d'engagements spéciaux, tacites ou formels.

Un candidat proposé par le gouvernement, *patronné par le* gouvernement, hautement et ardemment *appuyé* par le gouvernement dans la lutte électorale, offrirait-il une suffisante indépendance? Ne serait-il pas lié par des chaînes étroites au gouvernement, son affectueux patron? La vigilance, la surveillance, le contrôle assidu, les critiques actives de ce député gouvernemental s'exerceraient-ils bien dans leur ferme plénitude si les électeurs lui ouvraient les portes du Corps législatif? Ne serait-il pas à craindre que l'indulgente mollesse et la complaisance infatigable ne fussent en permanence à l'ordre du jour chez ce contrôleur affectueux, chez ce surveillant trop aimé et trop aimable? Ne pourrait-on pas supposer même, sans trop d'indiscrétion téméraire, que ce candidat recommandé au prône n'est ainsi patroné, protégé, exalté par le gouvernement auprès des populations électorales que sur l'assurance préalablement acquise de son humeur facile et docile et de ses dispositions bien accentuées à toutes les approbations et à toutes les concordances?

Depuis quand le contrôlé peut-il indiquer logiquement son contrôleur? Depuis quand le mandataire choisit-il ceux qui doivent approuver ou rejeter ses comptes ? Depuis quand le gérant d'une société nomme-t-il lui-même les membres du conseil de surveillance auxquels ses actes doivent être déférés ?

Répétons-le avec obstination : il faut au député la ferme et fière indépendance, sans haine et sans crainte, sans emportements comme sans condescendances, sans rigueurs puériles comme sans honteuses complaisances. Oui, certes! l'humeur tracassière, l'hostilité mesquine et systématique doivent être, dans ces hautes sphères de la vie sociale, répudiées et condamnées sévèrement comme indignes; mais l'humble et servile courtoisie, mais l'adhésion éternelle, quelque vent qui souffle, mais les lèvres toujours béantes pour l'acclamation enthousiaste, c'est là surtout ce qu'il faut proscrire et flétrir avec énergie, comme un fléau, comme une peste toujours dangereuse et souvent mortelle.

Cherchez et trouvez, ô électeurs! Et dans cette exploration ardue, délicate, compliquée, solennelle, n'oubliez pas que vos intérêts les plus chers se trouvent largement et irrésistiblement engagés, non pas au point de vue du clocher de votre église, ou du pont de votre ruisseau, ou du chemin qui, mieux entretenu, conduirait plus rapidement et plus agréablement à la bourgade voisine, mais au point de vue plus réel encore, plus élevé surtout, plus large, plus digne, des splendeurs et des puissances collectives, génératrices de la grandeur et de l'opulence individuelles.

V

Journaux et Réunions.

Pour éclairer nos consciences dans cette *élection*, dans ce choix, d'une importance si haute et si capitale, il faudrait que, longtemps à l'avance, si ce n'est dans une incessante continuité, la plume et la parole fussent pleinement affranchies de toute entrave. Il faudrait des journaux en abondance, des réunions multipliées, des investigations, des discussions, des communications de tout ordre, de toutes tendances, de toute nature, à l'aide desquelles les hommes et les doctrines pussent être examinés, critiqués, attaqués, défendus, mesurés, pesés, appréciés dans toutes leurs dimensions, sous tous leurs aspects, librement et résolûment.

En fait et en droit cette liberté plénière n'existe pas.

Respectons la loi, même lorsqu'elle est défectueuse et oppressive; mais attachons-nous dans cet acte considérable, dans cette opération austère et solennelle, à tout ce qui peut assurer la maturité, la solidité de notre choix.

Or, les paroles d'électeur à électeur, dans le salon, dans la taverne, dans l'atelier, dans les sillons des champs ou sur la place publique, ne sont point un crime, même sous les rigueurs de la législation actuelle. Que les lèvres s'ouvrent et que les langues vibrent !

Les réunions *particulières* ne peuvent être non plus recherchées, défendues et poursuivies. Vous pouvez, sans crainte, convoquer dans votre habitation, vingt électeurs, cent électeurs, à la condition unique que votre porte sera close et que les invités seuls seront admis. Là, les discussions sérieuses, prolongées, approfondies, n'ont rien à redouter des dispersions ni des répressions légales. Unissez-vous et réunissez-vous !

Les réunions *publiques*, elles-mêmes, ont été récemment admises, au moins en principe, durant les *quinze premiers jours de la période électorale*, et bien qu'elles aient été enveloppées, et comme étouffées à plaisir, par un savant appareil de formalités gênantes, de précautions et de restrictions menaçantes, et de pénalités sévères vaguement suspendues au-dessus d'éventualités nuageuses, nous saurons, si Dieu nous garde, user efficacement de ces précieux instruments de propagande lumineuse. Il faut les provoquer, les instituer, les créer de haute lutte. Il faut y convier toutes les opinions, toutes les vues, toutes les nuances, afin que la vérité triomphe, afin qu'elle jaillisse comme la flamme sous le choc des sentiments antagonistes et des harangues contradictoires !

Puis apparaît ici le grand élément moderne, le *Journal*, instrument puissant et fécond, qui, chaque matin, verse à larges ondes, les indications, les appréciations, les agressions ou les défenses, les idées, les doctrines, les sentiments, les aspirations, et, en un mot, l'inépuisable torrent des matériaux offerts à la conscience, à l'intelligence, à la puissance sociales, afin qu'elles séparent le bon grain de l'ivraie, et que, de ce triage incessant, le génie du progrès déduise la civilisaion éternellement ascensionnelle.

La presse, à cet instant critique, animé, solennel, qui précède l'élection, joue donc un rôle important et actif. La presse libérale ne compte pas un grand nombre d'organes vivants et militants. L'élévation des cautionnements, l'avide fiscalité du timbre, l'énormité des amendes pour quiconque tient une plume trop ferme et trop incisive, chargée d'une encore trop nette et trop mordante, constituent une série d'obstacles et de blessures redoutables et redoutés.

Mais enfin, soit à Paris, soit à Lyon, soit à Bordeaux, soit à Nantes, soit à Dijon, soit à Toulouse, soit ailleurs encore, il existe des feuilles courageuses, dévouées à la Liberté, dont chaque électeur n'invoquera jamais en vain l'appui, le concours effectif et la publicité retentissante, en vue de produire la lumière et de dégager des nuages la vérité.

Il faut donc se parler, s'éclairer mutuellement, dans ces graves conjonctures sociales; il faut s'entendre d'homme à homme, de citoyen à citoyen, d'électeur à électeur. Il faut se réunir, non pas une fois, mais trois fois, mais dix fois, pour débattre et trancher mûrement le choix d'un mandataire, problème difficile et gros de conséquences. Il faut recourir à la presse, écrire aux journaux, faire retentir aussi puissamment et aussi loin qu'il est possible, les critiques et les défenses, les explications et les gloses, les justifications, les interrogations, les commentaires, les mille indications de tout ordre à l'aide desquels la vérité peut rayonner au grand profit social.

En outre, pendant la période électorale, c'est-à-dire durant les vingt jours qui précèdent le vote, les brochures, les circulaires, les professions de foi, les déclarations, les engagements solennels des candidats peuvent être distribués librement par tout citoyen, électeur ou autre, sous la seule condition qu'un exemplaire de ces brochures, de ces circulaires, de ces professions, déclarations, engagements solennels, ait été préalablement signé par le candidat et déposé au parquet du Procureur impérial.

Ici, dignité calme, sans agitations inconsidérées, sans discours excessifs, sans allures fanfaronnes, ou blessantes, ou provocatrices; mais en même temps, fermeté, énergie, résolution en face de tout agent du pouvoir qui se permettrait une opposition illégale, une injonction oppressive, une prohibition abusive; car la loi est la loi; elle a parlé pour tous et tous lui doivent obéissance, aussi bien sous la blouse du paysan et de l'ouvrier que sous l'habit du bourgeois ou sous le frac, plus ou moins estampillé et galonné, du fonctionnaire public.

VI

Le Scrutin.

Mais voici que le scrutin est ouvert, en vertu du décret impérial, — soit qu'il s'agisse du renouvellement complet du Corps Législatif, œuvre immense et décisive, — soit qu'il y ait lieu seulement de remplacer le Député local, par suite de démission ou de mort.

C'est l'heure solennelle !

Point de mollesse, mais point de violence ! C'est l'énergique dignité, c'est l'exaltation concentrée et contenue, c'est le calme des forts, qui doivent être à l'ordre du jour.

Une salle est ouverte au public Electoral, dès le matin.

Le Maire est là, assis à une table, et présidant aux opérations.

Une boîte ou *urne électorale* est devant lui.

A ses côtés sont des conseillers municipaux, *sachant lire et écrire*, ou, à leur défaut, les **deux électeurs les plus âgés** et les deux élec-

teurs les plus jeunes, parmi ceux qui son**t**
présents.

Tous ensemble ils constituent le *Bureau*.

Rien ne doit être préparé de la veille ou
de l'avant veille pour cette constitution du
bureau. C'est au moment même ou s'ouvre le
scrutin que les choix doivent être faits, suivant les personnes présentes ; et il n'est pas
non plus permis au Maire d'appeler au bureau d'autres personnes que celles désignées
par la loi ; — sans quoi les opérations seraient
entachées de nullité, et tout serait à refaire.

Trois personnes, au moins, doivent conti-
nuellement siéger au bureau, pendant **tout**
le cours des opérations électorales.

Et la table du bureau doit être placée de
telle sorte que chaque électeur puisse librement et incessamment circuler tout autour ; car
ce bureau est l'axe du mouvement, le centre
de l'œuvre générale, et la surveillance la plus
active, la plus jalouse, est commandée, en ce
qui touche son fonctionnement judicieux **et**
loyal.

Point d'agents de la force publique dan**s**
cette civique assemblée ; **la Liberté pourrait**

en prendre ombrage. Ni police, ni gendarmes, — à moins de graves désordres, — auquel cas le Président ou celui qui le remplace peut requérir la force.

Sur la table, point de bulletins. Aucun candidat ne peut avoir ce privilége. Et si cette règle de justice venait à être, par aventure, violée en faveur de l'un des noms de l'arène, tout électeur a le droit et le devoir de protester ; — ou bien, s'il le préfère, il peut mêler aux bulletins ainsi favorisés les bulletins des concurrents, et rétablir de la sorte l'égalité des armes, dans ce combat légal et pacifique.

Chaque électeur se présente seul et en pleine liberté. Un grand propriétaire, un entrepreneur ou un négociant considérable, un chef d'industrie, un homme d'église ou un homme d'épée, un fonctionnaire d'un ordre quelconque, réunissant comme un troupeau quelques citoyens qui, par leur situation nécessaire, sont assujettis à la subordination et à la dépendance, et les conduisant ainsi au scrutin, ce scrutin manquerait de dignité, de liberté, de sincérité ; l'obéissance plus ou moins passive apparaîtrait au fond de cet embrigadement disciplinaire, et la nullité pourrait s'en suivre.

Le vote doit être personnel. Nul ne peut voter par mandataire. Nul ne peut représenter un électeur absent. Le Maire ou tout autre membre du bureau violerait la loi et fausserait outrageusement l'élection s'il se permettait de déposer dans l'urne des bulletins dont il attribuerait l'intention et le désir à des électeurs absents, dont le vote ne serait point effectif et matériel.

D'autre part, le scrutin est *secret*. Aucun signe extérieur ne doit révéler le nom inscrit sur chacun des papiers que reçoit l'urne. Ce secret est une garantie d'indépendance; il doit être religieusement respecté. L'électeur, recueilli et comme retranché dans sa conviction ferme et réfléchie, évitera d'exhiber avec ostentation, par une fanfaronnade servile ou puérile ou irritante, le nom qu'il a choisi. Son bulletin sera remis plié, sans affectation comme sans mystère. Mais en sens inverse, nul n'a le droit de chercher à lire insidieusement les noms inscrits; nul n'a le droit de pratiquer, pour les connaître, je ne sais quelles manœuvres téméraires et odicuses ; nul n'a le droit de palper les bulletins, ni de les marquer de signes spéciaux, soit du bout de l'ongle, soit d'un trait d'encre, soit d'une lacération indicative, afin de surprendre, lors du dépouillement, le secret des consciences.

Avant toutes choses, dès le début des opérations, la boîte, l'urne du scrutin, a été publiquement ouverte. Le Maire a dû montrer qu'elle était exactement et absolument vide.

Après cette constatation utile, deux serrures doivent fermer cette urne. L'une des clefs demeure entre les mains du maire ; l'autre est remise au plus âgé des membres du bureau.

Pendant toute la durée des opérations, l'urne doit rester sous les yeux des électeurs, dont le devoir est d'organiser autour de cette urne, dépositaire de leurs manifestations, une surveillance vigilante d'une rigoureuse réalité.

Le scrutin dure deux jours.

Commencé à 8 heures du matin, le premier jour, il se ferme à 6 heures.

A ce moment, l'urne, outre ses deux serrures, doit être sévèrement scellée de sceaux de cire, de telle sorte qu'elle ne puisse jamais être ouverte par la connivence coupable des deux gardiens de la double serrure ; car cette connivence permettrait l'introduction frauduleuse d'un certain nombre de bulletins de contrebande ou le retranchement d'une partie des bulletins effectivement et régulièrement déposés. Les scellés de l'urne constituent une garantie contre cette infidélité, contre cette déloyauté politique. Chacun des électeurs peut et doit s'assurer de l'exécution sérieuse de cette prudente prescription et en surveiller l'efficacité.

Ce n'est pas tout encore. L'urne reste là, sur la table du bureau, dans la salle du scrutin, sans déplacement possible, *à peine de nullité de l'élection*. Et toutes les ouvertures, toutes les fenêtres et les portes de cette salle doivent être scellées également et rigoureusement en présence des électeurs.

Le lendemain matin, à la réouverture des opérations électorales, tous les scellés sont vérifiés et leur intégrité doit se retrouver parfaite.

Puis les opérations se poursuivent.

Ceux des électeurs qui n'ont pas, dès la veille, déposé leur bulletin, doivent s'empresser d'exercer leur droit, de remplir leur devoir.

Enfin, le soir du second jour, la clôture est prononcée.

Alors le *dépouillement* commence.

L'urne est ouverte. Les bulletins sont comptés et recensés. Des scrutateurs sont désignés par le bureau pour procéder à l'inventaire des votes respectifs. Les tables sur lesquelles ils effectuent ce travail doivent être disposées de telle sorte que les électeurs puissent librement circuler tout autour et surveiller la loyale et intelligente exécution du recensement. Le nombre de quatre scrutateurs est convenable; l'un d'eux lit à haute voix les bulletins; les autres vérifient et inscrivent.

Toute irrégularité, reconnue ou supposée par les scrutateurs, dans les bulletins qui passent sous leurs yeux, doit être sur le champ signalée, puis transmise au bureau, avec réquisition d'inscription au procès-verbal.

Enfin, lorsque tous les dépouillements partiels sont achevés, le résultat du scrutin général est proclamé par le Maire.

Les constatations et les proclamations communales constituent, par leur totalisation, le résultat électoral définitif.

Pour que l'Election acquière sa validité légale, il est nécessaire :

Que l'un des candidats obtienne la *majorité absolue des suffrages exprimés*;

Et il faut que cette majorité absolue *représente au moins un quart des Electeurs inscrits dans la circonscription.*

Si donc une circonscription électorale a *trente-six mille Electeurs inscrits* sur ses listes, l'Election, pour être valablement et légalement acquise, devra donner à l'un des candidats, au moins le quart des trente-six mille Electeurs inscrits, c'est-à-dire *neuf mille*; et si *trente mille Electeurs* seulement ont pris à l'Election une part effective, l'élu devra réunir au moins la moitié des suffrages plus un, c'est-à-dire, *quinze mille et une voix.*

Mais si l'Election n'a pu produire de résultats définitifs, faute d'avoir satisfait à cette double et indispensable condition du premier vote, un nouveau scrutin sera ouvert, et alors, dans cette seconde lutte, la *majorité relative* seule sera considérée comme décisive, quel que soit le nombre des votants.

Ainsi, en continuant à prendre pour base et pour exemple le chiffre de *trente-six mille Électeurs inscrits* dans la circonscription, si nous supposons que *vingt mille seulement* parmi eux participent au vote, il suffira d'un nombre quelconque de suffrages, (même inférieur au quart de 36,000) obtenu par l'un des candidats, pour constituer l'élection légale, sous la seule condition que les candidats adverses seront dépassés d'une voix au moins.

Telle est l'Election dans ses détails matériels, dans sa méthodique procédure, dans ses précautions, dans sa vigilance, dans sa sollicitude active et jalouse qui ne peut jamais être poussée trop haut et trop loin.

VII

Violences, Manœuvres, Fausses nouvelles, Promesses et Menaces.

Ceux qui usent de violences, morales ou matérielles pour fausser l'Election sont sévèrement châtiés par la loi. Les attroupements, les clameurs, les irruptions bruyantes, l'intervention des armes constituent des moyens d'intimidation qu'il faut repousser et proscrire au nom des grands principes de paix et de liberté qui sont les bases même de la pure démocratie.

Point de rumeurs, point de calomnies, point d'insinuations perfides, point d'accusations misérables qui ne soient pleinement et hautement justifiées. Vérité, loyauté, justice pour tous, tel doit être le mot d'ordre. L'ardente passion elle-même ne saurait légitimer les excès de langage, ni surtout les excès de conscience.

Honneur à la loi qui frappe les violations

du scrutin, les perturbations menaçantes de l'arène Electorale, les inventions mensongères et frauduleuses, les lâches calomnies, les perfidies hypocrites, tous les honteux méfaits. Mais il est bon que la loi soit sincère, que son exécution soit loyale et que sa balance ne soit point chargée de faux poids. Elle doit à tous ses sévérités inflexibles, sans acception de couleur ou de bannière, et la Justice ne se laissera point frelater par les influences gouvernementales, par la raison d'Etat surtout, cette indigne courtisane de tous les régimes.

Ce qu'il importe de noter soigneusement ici, ce sont les dispositions suivantes du décret organique du 21 février 1852 :

« *Quiconque aura donné, promis ou*
« *reçu des deniers, effets ou valeurs quel-*
« *conques, sous la condition soit de*
« *donner ou de procurer un suffrage, soit*
« *de s'abstenir de voter, sera condamné à*
« *un emprisonnement de trois mois au moins*
« *et de deux ans au plus, et à une amende*
« *de 500 fr. au moins et de 5,000 fr. au*
« *plus. Les mêmes peines seront prononcées*

« *contre ceux qui auront fait ou accepté*
« *l'offre ou la promesse d'emplois publics*
« *ou privés. Et si le coupable est un fonc-*
« *tionnaire public, la peine sera double* »
(Art. 38).

« *Ceux qui, par voies de fait, violences*
« *ou menaces contre un électeur, soit en*
« *lui faisant craindre de perdre son*
« *emploi, ou d'exposer à un dommage sa*
« *personne, sa famille, ou sa fortune,*
« *l'auront déterminé à s'abstenir de voter*
« *ou auront influencé son vote, seront punis*
« *d'un emprisonnement d'un mois au moins*
« *et d'un an au plus, et d'une amende de*
« *cent à mille francs. — La peine sera*
« *double pour les fonctionnaires publics.* »
(Art. 39.)

Ainsi, point de promesses, point de présents
dans cette lutte politique, où le sentiment et
l'intelligence doivent seuls intervenir. Là où
il y a promesse, présent, marché, trafic, il y a
une âme avilie, un cœur dégradé, une conscience en ruine, et la société tout entière

souffre de cet avilissement et de cette dégradation; car l'Election est troublée, maculée, altérée dans son essence et dans ses conséquences. Si ce trouble se propage, si, comme une lèpre contagieuse, il s'étend et se généralise, ce n'est plus un mal sérieux et grave, c'est la décomposition, c'est la gangrène, c'est la mort sociale.

Et, qu'on le remarque, ce ne sont point ici les seuls intérêts individuels qui doivent être, dans leur immédiate brutalité, condamnés au silence; ce sont aussi toutes les convoitises, tous les appétits, toutes les corruptions.

La loi frappe de rigueurs salutaires et de justes flétrissures le citoyen dégradé qui vend son âme pour quelques pièces d'or remises ou promises, ou pour l'appât d'un hochet, d'un ruban, d'une faveur, d'un honneur, d'un emploi, d'une pâture. Elle frappe aussi l'indigne acheteur de cette âme tarée et tarifée.

Mais la loi ne châtie point le citoyen qui se sent tiédir et mollir un face des *influences*, en face des *puissances* plus ou moins conjecturales, attribuées à certaines personnalités électives. « Voyez-vous celui qui passe? Il est l'ami du Préfet, le préféré du Ministre, le féal de l'Empereur ! Il conquerra pour nous, là-haut, dans ces régions olympiennes où coule, à flots de millions, le Pactole budgétaire, cent immunités et bénéfices ! Subventions ou avances communales, dégrèvements cantonnaux, classements de voirie, pieux tableaux d'Eglise, grâces et faveurs pour nous et nos amis, exemptions, concessions ou débits pour nos fils : il obtiendra tout cela. C'est lui, c'est lui ! A lui le salut et l'hommage, à lui la gloire du mandat Législatif, dont il versera sur nos fronts, en petits profits et en menues largesses, les rechûtes rafraîchissantes ! »

O bonnes âmes, qui enfermez vos consciences dans ce cercle étroit et matériel, je vous le dis en vérité, non-seulement vos cœurs battent à faux et à froid, mais vous raisonnez à la dérive. Vous ressemblez au troupeau qui, insouciant et stupide, broute, à la porte de l'étable, un trèfle en graine plus ou moins savoureux, sans se douter qu'en une heure il peut anéantir la semence de toute la contrée, à son grand préjudice.

Voyons ! ces *influences* si hautement célébrées et avec un si pompeux étalage, ne savez-vous pas, par les mortifications et les mystifications d'une expérience déjà très-convenablement prolongée, qu'elles sont singulièrement surfaites toujours, et souvent complètement illusoires? Vous avez nommé il y a six ans, je le suppose, ce Député bien aimé de l'Administration, ce *recommandé*, ce *protégé*, ce récipient d'honneurs et de faveurs, dont vous attendiez je ne sais combien de boisseaux de merveilles bienfaisantes. Qu'avez-vous eu? Qu'avez-vous recueilli ? Qu'avez-vous récolté et réalisé?... Cinquante rêves pour un peu de pitance effective !

Et si vous avez eu quelque chose, pont, chemin de fer, tour de votre Eglise, subvention particulière, bénéfice communal, cantonnal ou régional, dans quelles bourses, je vous le demande, ont été puisées ces largesses qui vous ont épanouis, si ce n'est dans les bourses de la France, dont vous faites partie active et payante.

Et si, dans les 280 circonscriptions électorales, chacun a raisonné comme vous, opiné comme vous, voté comme vous, en l'honneur du candidat orthodoxe, *puissant et influent,* ne voyez-vous pas que ces influences et ces puissances constitueront un cercle indéfini et continu ; tant et si bien que vous vous paierez les uns aux autres ces immunités précieuses et que vos écus danseront d'un bout à l'autre de la France, joyeusement distribués du Nord au Sud et de l'Est à l'Ouest, puis de l'Ouest à l'Est et du Sud au Nord par les confidents, électivement consacrés, des secrets de la comédie ?

Mais laissons là, s'il se peut, les amères critiques, et parlons le langage austère. Il s'agit, nous l'avons dit vingt fois déjà, des plus graves intérêts trop souvent immolés et prostitués.

Votre conscience doit rester calme, forte, impartiale, supérieure aux calculs plus ou moins exacts, plus ou moins décevants de l'égoïsme individuel, ou communal, ou cantonnal, ou départemental. C'est l'essor général, ce sont les éléments supérieurs de la vie collective que vous avez à considérer, c'est l'ampleur des destinées humaines, c'est l'élévation intellectuelle, morale et matérielle de la Société qui doit être l'objet de votre attention scrupuleuse; — et ici votre droit et votre devoir, votre intérêt et l'intérêt public, l'utilité et la vérité, la puissance et la grandeur, se confondent dans un embrassement fécond et magnifique.

Donc laissez à l'écard les conceptions mesquines et les combinaisons misérables, et sachez élever jusqu'à la hauteur de votre fonction civique votre esprit et votre cœur. *Sursum Corda !*

Un mot encore, toujours suivant la loi et par obéissance aussi pour la dignité, pour la vérité, pour la loyauté, ces fleurons de la couronne humaine.

Vous avez un *emploi*, brillant ou obscur, se résolvant en pluie d'or ou de cuivre, à l'émargement mensuel. Vous le remplissez en toute aptitude et en toute conscience ; vous êtes percepteur buraliste, juge, garde forestier ou champêtre, officier, éclusier, garde-mines, etc., vous êtes l'homme né tout exprès pour votre office. Si Dieu ne vous eût point, dans sa prévision toute puissante, créé un beau jour, avec le signe spécial inscrit sur le front , il eût fallu vous inventer pour vous préposer à cette œuvre, où vous vous complaisez avec amour, sentant assez qu'entre elle et vous il y a sympathie, affinité, prédestination innée et irrésistible. ·

Or, voici qu'au jour du scrutin, après avoir longuement et religieusement analysé, scruté, pesé, compté, mesuré les mérites et les démérites des hommes et des choses, vous vous décidez à choisir pour votre mandataire le candidat qui, dans ses rudes proclamations, n'a pas chanté l'hymne de la louange gouvernementale. C'est votre droit ; que dis-je ? vous seriez avili irrémédiablement à vos propres yeux, jusqu'aux limites les plus abaissées, si vous ne procédiez pas ainsi, par voie de ferme examen, pour en déduire un vote sérieux et sincère.

Ne craignez point que votre voisin, votre puissant voisin vous menace et vous blâme. Ne redoutez rien surtout de votre supérieur hiérarchique, ni de tout autre fonctionnaire, de haut ou bas étage ; car, vous le savez, l'article 39 de la loi fondamentale fulgure ses anathêmes contre l'oppression, contre l'asservissement des consciences, et ces anathêmes se traduisent en *répressions correctionnelles*. Soyez libres, ô mes amis ! choisissez en toute assurance ; c'est le décret lui-même qui vous v convie.

En dehors des fonctions publiques, ainsi hautement indépendantes, même liberté et liberté supérieure. Vos relations, votre commerce, votre industrie, votre situation, la base de vos efforts, constituent des choses inattaquables et sacrées. Quiconque vous menace, quiconque vous presse en termes violents et impérieux, quiconque brandit sur votre front je ne sais quelles perspectives de préjudices, de persécutions, de vexations, d'excommunications, de révocations ou d'amoindrissements pour vous, pour vos enfants, pour votre famille, afin de vous déterminer, par l'effet d'un pacte sans nom ou d'une terreur dégradante, au vote qu'il prescrit ou à l'abstention qu'il désire, est châtié et flétri.

Que nul n'oublie ces dispositions tutélaires, à travers les combats et les ardeurs légitimes de l'élection ! que tout électeur digne de ce nom, repousse les intimidations ou les ca-

resses, du haut de sa conscience affermie!
qu'il dénonce à l'opinion, qu'il dénonce aux
magistrats ces corruptions, ces perversions
infâmes, tentées ou accomplies! Et lorsque
la fierté citoyenne, forte des légalités théo-
riques, aura fait entendre sa voix sur un dia-
pason convenablement élevé et généralisé,
toute une source funeste d'éléments empoison-
nés aura disparu du domaine électoral, et
les égoûts collecteurs de la Justice correction-
nelle en auront à jamais emporté les vestiges
nauséabonds et délétères.

VIII

L'Ordre.

Nous pouvons résumer en qelques lignes tout ce qui précède :

La France veut la LIBERTÉ, c'est-à-dire *la haute possibilité pour chacun de déployer dans toute leur amplitude ses facultés naturelles, au triple point de vue de l'intelligence, de la moralité et de la puissance productive.*

Cette Liberté aujourd'hui fait défaut.

Il faut, sous peine de langueur, d'atonie, de mort sociale peut-être, la dégager des nuages qui la voilent, et l'installer, rayonnante, au milieu de nous.

Point de luttes violentes, s'il est possible, point de sanglantes et de douloureuses collisions, avec leurs longs retentissements dans tous les foyers et dans toutes les poitrines ; mais la revendication énergique de droits écrits et ineffaçables, et cette revendication s'exerçant avec une intensité suprême par le

SUFFRAGE UNIVERSEL, voilà ce qui est nécessaire.

L'élection apparaît donc, à l'heure présente, comme la base, comme le point d'appui, ferme et sûr, d'où la France, désireuse d'éviter les commotions, peut faire entendre sa grande voix souveraine.

Élections municipales, élections cantonales, élections départementales; peu importe! Là où une portion quelconque de l'autorité populaire est déléguée, il y a intérêt essentiel; car tout délégué de cette autorité exerce sur la marche collective, dans une mesure et à un degré quelconques, une fraction d'influence.

Mais c'est surtout à l'occasion des élections législatives que l'œuvre devient grande, importante et solennelle; car il s'agit d'élire les hommes aux mains desquels seront confiées les destinées nationales, qui sont les destinées de tous et de chacun. Ici, chaque citoyen doit, au nom de la vigueur et de la santé collectives, se recueillir, s'affermir, se pénétrer profondément de son devoir et de son droit, intimement unis et confondus.

Sa sollicitude première et persistante, c'est **de** veiller à l'inscription et au maintien de son **nom** sur la liste électorale, et de contrôler, d'ailleurs, chaque année, la régularité, la sincérité de cette liste, matrice de l'élection.

D'autre part, en tant que citoyen, c'est-à-dire en tant que directement intéressé aux affaires générales, son attention permanente et incessante doit s'attacher obstinément aux hommes et aux choses.

Puis, à l'heure grave où l'élection est décrétée, il doit, par un effort spécial de conscience et d'intelligence, choisir, à titre de mandataire, celui qui représente le plus exactement ses idées, ses sentiments, ses aspirations et ses tendances.

A cet instant solennel, conversations particulières, correspondances, réunions privées et publiques, journaux, discours, proclamations, brochures, et, en un mot, communications abondantes entre citoyens, sont nécessaires et indispensables, en vue de dégager la lumière que pourraient étouffer l'immobilité et le silence. Il faut que tous ces moyens d'élucidation, que tous ces organes de triage, soient mis en œuvre, résolument et vivement, en dépit des obstacles calculés, en dépit des objections administratives, en dépit des insidieuses résistances, mais à la condition expresse que le calme, la loyauté, la dignité, présideront sans cesse aux plus ardentes manifestations, aux investigations les plus sévères, aux critiques les plus vives, sans qu i le Droit et la Liberté seraient altérés et sacrifiés.

Bientôt le scrutin est ouvert. Il importe à tous qu'il soit sérieux et sincère. Il importe à tous que la procédure méthodique suivant laquelle le vote doit s'effectuer, soit suivie ponctuellement et religieusement. Il importe à tous que les violences, les outrages, les intimidations, les perfidies, les calomnies, les menaces, les promesses, les honteux marchés, les achats et les ventes des consciences, sous quelque forme que tout cela puisse se cacher et se produire, soient proscrits, flétris et châtiés. Et les lois en vigueur, quoique sur plus d'un point défectueuses, y ont pourvu.

C'est par ce chemin droit et sûr que la France peut vivre, et grandir, et reconquérir ses forces amoindries, son puissant essor aujourd'hui frappé d'hésitation et de langueur.

Au fond de ces fermes pratiques est la Liberté, active, réelle, féconde, et, il faut le proclamer, la Liberté, c'est l'ordre.

Vous tous qui vivez dans notre France et dont la démence n'a point ravagé le cerveau, paysans et citadins, cultivateurs, industriels, négociants, banquiers, savants, artistes, médecins, avocats, artisans, ingénieurs et juges, ouvriers de toutes besognes, travailleurs de tous degrés et de toutes professions, vous voulez l'ordre, c'est-à-dire la stabilité, la sécurité, la paix.

Or, sachez-le bien, l'ordre n'est pas dans l'étouffement des esprits et des consciences, source intarrissable d'erreurs, de mécomptes, de dégradations, de lâchetés et de misères ; il est dans le large et lumineux développement de toutes les intelligences, lequel engendre les claires visions, l'affermissement moral, l'élévation de l'âme, la puissance productive et l'opulence ou tout au moins l'aisance généralisée.

L'ordre n'est pas dans la compression mesquine et rigide des aspirations progressives d'une nation ; il n'est pas dans l'inflexible cantonnement de l'essor général au milieu d'un cercle que nul ne doit franchir à peine d'expiation ; il n'est pas dans les endiguements et les barrages qu'emporte toujours avec fracas, dans un temps donné, le flot tout puissant de la progression humaine ; il est dans la LIBERTÉ, dans l'épanouissement régulier, permanent, incessant, toujours ascensionnel des forces collectives ; il est dans l'infinie variété des manifestations individuelles, dans la sève sociale, circulant à pleines ondes et déroulant au grand soleil ses transformations opulentes dans le domaine de la Science, de l'Art et de l'Industrie.

L'ORDRE est dans l'ÉGALITÉ réelle, fille de la Liberté ainsi comprise, et mère de la FRATERNITÉ effective et pratique, s'incarnant dans la société par les institutions de mutualité et de solidarité largement et solidement assises.

Et, au fond de tout cela, encore une fois, la sécurité, la stabilité, la paix ; car pourquoi le trouble, alors que chacun respire à pleins poumons une pure et fortifiante atmosphère ?

Pourquoi les collisions et les commotions alors que la Liberté règne et que les utiles métamorphoses sociales peuvent lentement et majestueusement s'accomplir ? Pourquoi les tempêtes alors qu'il est si doux de jouir, dans le calme et dans la paix, de l'aisance conquise par le travail ?

Courage donc et fermeté, au nom du salut social ! Et que l'urne du scrutin soit tout ensemble le centre et le symbole de notre énergie et de nos espérances ! *Sursùm corda !*

FIN.

LOI ÉLECTORALE.

(2-21 Février 1852.)

Tit.1. — *Du Corps législatif.*

Art. 1. Chaque département aura un député à raison de trente-cinq mille électeurs; néanmoins, il est attribué un député de plus à chacun des départements dans lesquels le nombre excédant des électeurs s'élève à vingt-cinq mille. En conséquence, le nombre total des députés au prochain Corps législatif est de deux cent soixante et un.

L'Algérie et les colonies ne nomment pas de député au Corps législatif.

2. Chaque département est divisé, par un décret du pouvoir exécutif, en circonscriptions électorales égales en nombre aux députés qui lui sont attribués par le tableau annexé à la présente loi.

Ce tableau sera revisé tous les cinq ans.

Chaque circonscription élit un seul député.

3. Le suffrage est direct et universel.

Le scrutin est secret.

Les électeurs se réunissent au chef-lieu de leur commune.

Chaque commune peut néanmoins être divisée, par arrêté du préfet, en autant de sections que le rend nécessaire le nombre des électeurs inscrits; l'arrêté pourra fixer le siége de ces sections hors du chef-lieu de la commune.

4. Les colléges électoraux sont convoqués par un décret du pouvoir exécutif. L'intervalle entre la promulgation du décret et l'ouverture des colléges électoraux est de vingt jours au moins.

5. Les opérations électorales sont vérifiées par le Corps législatif, qui est seul juge de leur validité.

6. Nul n'est élu ni proclamé député au Corps législatif, au premier tour de scrutin, s'il n'a réuni : 1º la majorité absolue des suffrages exprimés ; 2º un nombre égal au quart de celui des électeurs inscrits sur la totalité des listes de la circonscription électorale.

Au second tour de scrutin, l'élection a lieu à la majorité relative, quel que soit le nombre des votants ; dans le cas où les candidats obtiendraient un nombre égal de suffrages, le plus âgé sera proclamé député.

· 7. Le député élu dans plusieurs circonscriptions électorales doit faire connaître son option au président du Corps législatif dans les dix jours qui suivront la déclaration de la validité de ces élections.

8. En cas de vacance par option, décès, démission ou autrement, le collége électoral qui doit pourvoir à la vacance est réuni dans le délai de six mois.

9. Les députés ne pourront être recherchés, accusés ni jugés en aucun temps pour les opinions qu'ils auront émises dans le sein du Corps législatif.

10. Aucune contrainte par corps ne peut être exercée contre un député durant la session et pendant les six semaines qui l'auront précédée ou suivie.

11. Aucun membre du Corps législatif ne peut, pendant la durée de la session, être poursuivi ni arrêté en matière criminelle, sauf le cas de flagrant délit, qu'après que le Corps législatif a autorisé la poursuite.

Tit. 2. — *Des électeurs et des listes électorales.*

12. Sont électeurs, sans conditions de sens, tous les Français, âgé de vingt et un ans accomplis, jouissant de leurs droits civils et politiques.

13. La liste électorale est dressée, pour chaque commune, par le maire. Elle comprend, par ordre alphabétique :

1° Tous les électeurs habitant dans la commune depuis six mois au moins;

2° Ceux qui, n'ayant pas atteint, lors de la formation de la liste, les conditions d'âge et d'habitation, doivent les acquérir avant la clôture définitive.

14. Les militaires en activité de service et les hommes retenus pour le service des ports ou de la flotte, en vertu de leur immatriculation sur les rôles de l'inscription maritime, seront portés sur les listes des communes où ils étaient domiciliés avant leur départ.

Ils ne pourront voter pour les députés au Corps législatif que lorsqu'ils seront présents, au moment de l'élection, dans la commune où ils seront inscrits.

15. Ne doivent pas être inscrits sur les listes électorales;

1° Les individus privés de leurs droits civils et politiques par suite de condamnation, soit à des peines afflictives ou infamantes, soit à des peines infamantes seulement;

2°. Ceux auquels les tribunaux, jugeant correctionnellement, ont interdit le droit de vote et d'élection, par application des lois qui autorisent cette interdiction

3° Les condamnés pour crime à l'emprisonnement, par application de l'art. 463 c. pén.;

4° Ceux qui ont été condamnés à trois mois de prison par application des art. 318 et 423 c. pén.;

5° Les condamnés pour vol, escroquerie, abus de confiance, soustraction commise par les dépositaires de deniers publics ou attentats aux mœurs, prévus par les art. 330 et 334 c pén.; quelle que soit la durée de l'emprisonnement auquel ils ont été condamnés;

6° Les individus qui, par application de l'art. 8 de la loi du 17 mai 1819 et de l'art 3 du décret du 11 août 1848, auront été condamnés pour outrage à la morale publique et religieuse ou aux bonnes mœurs, et pour attaque contre le principe de la propriété et les droits de la famille;

7° Les individus condamnés à plus de trois mois d'emprisonnement en vertu des art.31, 33, 34, 35, 36, 38, 39, 40, 41, 42, 45, 46. de la présente loi ;

8° Les notaires, greffiers et officiers ministériels destitués en vertu de jugements ou décisions judiciaires;

9° Les condamnés pour vagabondage ou mendicité ;

10° Ceux qui auront été condamnés à trois mois de prison au moins, par application des art. 439, 443, ,444, 445, 446, 447, et 452 c. pén.;

11° Ceux qui auront été déclarés coupables des délits prévus par les art. 410 et 411 c. pén. et par la loi du 21 mai 1836 portant prohibition des loteries;

12° Les militaires condamnés au boulet ou aux travaux publics;

13° Les individus condamnés à l'emprisonnement par application des art. 38, 41, 43 et 45 de la loi du 21 mars 1832, sur le recrutement de l'armée ;

14° Les individus condamnés à l'emprisonnement par application de l'art 1 de la loi du 27 mars 1851 ;

15° Ceux qui ont été condamnés pour délit d'usure;

16° Les interdits;

17° Les faillis non réhabilités dont la faillite a été déclarée soit par les tribunaux français, soit par jugements rendus à l'étranger, mais exécutoires en France;

18. Les condamnés à plus d'un mois d'emprisonnement

pour rébellion, outrages et violences envers les dépositaires de l'autorité ou de la force publique, pour outrages
publics envers un juré à raison de ses fonctions, ou envers un témoin à raison de sa déposition, pour délits prévus par la loi sur les attroupements et la loi sur les clubs,
et pour infraction à la loi sur le colportage, ne pourront
pas être inscrits sur la liste électorale pendant cinq ans,
à dater de l'expiration de leur peine.

17. Les listes électorales qui ont servi au vote des 20 et
21 déc. 1851 sont déclarées valables jusqu'au 31 mars 1853,

18. Les listes électorales sont permanentes.

Elles sont l'objet d'une révision annuelle.

Un décret du pouvoir exécutif déterminera les règles et
les formes de cette opération.

19. Lors de la révision annuelle, et dans les délais qui
seront réglés par les décrets du pouvoir exécutif, tout citoyen omis sur la liste pourra présenter sa réclamation à
la mairie.

Tout électeur inscrit sur l'une des listes de la circonscription électorale pourra réclamer la radiation ou l'inscription d'un individu omis ou indûment inscrit.

Le même droit appartient aux préfets et aux sous-préfets.

Il sera ouvert, dans chaque mairie, un registre sur lequel les réclamations seront inscrites par ordre de date.
Le maire devra donner récépissé de chaque réclamation.

L'électeur dont l'inscription aura été contestée en sera
averti sans frais, par le maire, et pourra présenter ses
observations.

20. Les réclamations seront jugées par une commission
composée, à Paris, du maire et de deux adjoints; partout
ailleurs, du maire et de deux membres du conseil muni-
cipal désignés par le conseil.

21. Notification de la décision sera, dans les trois jours
faite aux parties intéressées par le ministère d'un agent
assermenté.

Elles pourront interjeter appel dans les cinqjours de la notification.

22. L'appel sera porté devant le juge de paix du canton, il sera formé par simple déclaration au greffe; le juge de paix statuera dans les dix jours, sans frais ni forme de procédure, et sur simple avertissement, donné trois jours à l'avance à toutes les parties intéressées.

Toutefois, si la demande portée devant lui implique la solution préjudicielle d'une question d'état, il renverra préalablement les parties à se pourvoir devant les juges compétents, et fixera un bref délai dans lequel la partie qui aura élevé la question préjudicielle devra justifier de ses diligences.

Il sera procédé, en ce cas, conformément aux art. 855, 856 et 858 c. pr.

23. La décision du juge de paix est en dernier ressort, mais elle peut être déférée à la cour de cassation.

Le pourvoi n'est recevable que s'il est formé dans les dix jours de la notification de la décision.

Il n'est pas suspensif.

Il est formé par simple requête, dénoncée aux défendeurs dans les 10 jours qui suivent; il est dispensé de l'intermédiaire d'un avocat à la cour, et jugé d'urgence, sans frais ni consignation d'amende.

Les pièces et mémoires fournis par les parties sont transmis, sans frais, par le greffier de la justice de paix au greffier de la cour de cassation.

La chambre des requêtes de la cour de cassation statue définitivement sur le pourvoi.

24. Tous les actes judiciaires sont, en matière électorale, dispensés du timbre et enregistrés gratis.

Les extraits des actes de naissance nécessaires pour établir l'âge des électeurs sont délivrés gratuitement, sur papier libre, à tout réclamant. Ils portent en tête de leur texte l'énonciation de leur destination spéciale et ne peuvent servir à aucune autre.

25. L'élection est faite sur la liste révisée pendant tout=
l'année qui suit la clôture de la liste.

TIT. 3. — *Des éligibles.*

26. Sont éligibles, sans condition de domicile, tous les
électeurs âgés de vingt-cinq ans.

27. Sont déclarés indignes d'être élus les individus désignés aux art. 15 et 16 de la présente loi.

28. Sera déchu de la qualité de membre du Corps législatif tout député qui, pendant la durée de son mandat,
aura été frappé d'une condamnation emportant, aux termes de l'article précédent, la privation du droit d'être élu.

La déchéance sera prononcée par le Corps législatif sur
le vu des pièces justificatives.

29. Toute fonction publique rétribuée est incompatible
avec le mandat de député au Corps législatif.

Tout fonctionnaire rétribué, élu député au Corps ligisla-
tif, sera réputé démissionnaire de ses fonctions par le
seul fait de son admission comme membre du Corps législatif, s'il n'a pas opté avant la vérification de ses pouvoirs.

Tout député au Corps législatif est réputé démissionnaire par le seul fait de l'acceptation de fonctions publiques salariées.

30. Ne pourront être élus dans tout ou partie de leur
ressort, pendant les six mois qui suivraient leur destitution, leur démission ou tout autre changement de leur
position, les fonctionnaires publics ci après indiqués :

Les premiers présidents, les procureurs généraux;

Les présidents des tribunaux civils et les procureurs
de la République;

Le commandant supérieur des gardes nationales de la
Seine;

Le préfet de police, les préfets et les sous-préfets;

Les archevêques, évêques et vicaires généraux.

Les officiers généraux commandant les divisions et subdivisions militaires :

Les préfets maritimes.

Tit. 4. — *Dispositions pénales.*

31. Toute personne qui se sera fait inscrire sur la liste électorale sous de faux noms ou de fausses qualités, ou aura, en se faisaut inscrire, dissimulé une incapacité prévue par la loi, ou aura réclamé et obtenu une inscription sur deux ou plusieurs listes, sera punie d'un emprisonnement d'un mois à un an et d'une amende de 100 à 1,000 fr.

32. Celui qui, déchu du droit de voter, soit par suite d'une condamnation judiciaire, soit par suite d'une faillite non suivie de réhabilitation, aura voté, soit en vertu d'une inscription sur les listes antérieures à sa déchéance, soit en vertu d'une inscription postérieure, mais opérée sans sa participation, sera puni d'un emprisonnement de quinze jours à trois mois et d'une amende de 20 à 500 fr.

33. Quiconque aura voté dans une assemblée électorale soit en vertu d'une inscription obtenue dans les deux premiers cas prévus par l'art. 31, soit en prenant faussement les noms et qualités d'un électeur inscrit, sera puni d'un emprisonnement de six mois à deux ans, et d'une amende de 200 fr. à 2,000 fr.

34. Sera puni de la même peine tout citoyen qui aura profité d'une inscription multiple pour voter plus d'une fois.

35. Quiconque étant chargé, dans un scrutin, de recevoir, compter ou dépouiller les bulletins contenant les suffrages des citoyens, aura soustrait, ajouté ou altéré des bulletins, ou lu un nom autre que celui inscrit, sera

puni d'un emprisonnement d'un an à cinq ans et d'une amende de 500 fr. à 5,000 fr.

36. La même peine sera appliquée à tout individu qui, chargé par un électeur d'écrire son suffrage, aura inscrit sur le bulletin un nom autre que celui qui lui était désigné.

37. L'entrée dans l'assemblée électorale avec armes apparentes est interdite. En cas d'infraction, le contrevenant sera passible d'une amende de 16 à 100 fr.

La peine sera d'un emprisonnement de quinze jours à trois mois et d'une amende de 50 fr. à 300 fr. si les armes étaient cachées.

38. Quiconque aura donné, promis ou reçu des deniers, effets ou valeurs quelconques, sous la condition soit de donner ou de procurer un suffrage, soit de s'abstenir de voter, sera puni d'un emprisonnement de trois mois à deux ans et d'une amende de 500 fr. à 5,000 fr.

Seront punis des mêmes peines, ceux qui, sous les mêmes conditions, auront fait ou accepté l'offre ou la promesse d'emplois publics ou privés.

Si le coupable est fonctionnaire public, la peine sera du double.

39. ceux qui, soit par voies de fait, violences ou menaces contre un électeur, soit en lui faisant craindre de perdre son emploi ou d'exposer à un dommage sa personne, sa famille ou sa fortune, l'auront déterminé à s'abstenir de voter, ou auront influencé un vote, seront punis d'un emprisonnement d'un mois à un an et d'une amende de 100 fr. à 1,000 fr.; la peine sera du double si le coupable est fonctionnaire public.

40. Ceux qui, à l'aide de fausses nouvelles, bruits calomnieux, ou autres manœuvres frauduleuses, auront surpris ou détourné des suffrages, déterminé un ou plusieurs électeurs à s'abstenir de voter, seront punis d'un emprisonnement d'un mois à un an, et d'une amende de 100 fr. à 2,000 fr.

41. Lorsque, par attroupements, clameurs ou démonstrations menaçantes, on aura troublé les opérations d'un collége électoral, porté atteinte à l'exercice du droit électoral ou à la liberté du vote, les coupables seront punis d'un emprisonnement de trois mois à deux ans, et d'une amende de 100 fr. à 2,000 fr.

42. Toute irruption dans un collége électoral consommé, ou tentée avec violence, en vue d'empêcher un choix, sera puni d'un emprisonnement d'un an à cinq ans, et d'une amende de 1,000 fr. à 5,000 fr.

43. Si les coupables étaient porteurs d'armes, ou si le scrutin a été violé, la peine sera la réclusion.

44. Elle sera des travaux forcés à temps si le crime a été commis par suite d'un plan concerté pour être exécuté soit dans toute la République, soit dans un ou plusieurs départements, soit dans un ou plusieurs arrondissements.

45. Les membres d'un collége électoral qui, pendant la réunion, se seront rendus coupables d'outrages ou de violences, soit envers le bureau, soit envers l'un de ses membres, ou qui, par voies de fait ou menaces, auront retardé ou empéché les opérations électorales, seront punis d'un emprisonnement d'un mois à un an, et d'une amende de 100 à 2,000 fr.

Si le scrutin a été violé, l'emprisonnement sera d'un an à cinq ans, et l'amende de 1 000 à 5,000 fr.

46. L'enlèvement de l'urne contenant les suffrages émis et non encore dépouillés sera puni d'un emprisonnement d'un an à cinq ans et d'une amende de 1,000 à 5,000 fr.

Si cet enlèvement a été effectué en réunion et avec violence, la peine sera la réclusion.

47. La violation du scrutin faite, soit par les membres du bureau, soit par les agents de l'autorité préposés à la garde des bulletins non encore dépouillés, sera punie de la réclusion.

48. Les crimes prévus par la présente loi seront jugés par la cour d'assises, et les délits par les tribunaux correctionnels; l'ar. 463 c. pén. pourra être appliqué.

49. En cas de conviction de plusieurs crimes ou délits prévus par la présente loi et commis antérieurement au premier acte de poursuite, la peine la plus forte sera seule appliquée.

50. L'action publique et l'action civile seront prescrites après trois mois, à partir du jour de la proclamation du résultat de l'élection.

51. La condamnation, s'il en est prononcé, ne pourra en aucun cas avoir pour effet d'annuler l'élection déclarée valide par les pouvoirs compétents, ou dûment définitive par l'absence de toute protestation régulière formée dans les délais voulus par les lois spéciales.

5à. Les lois anterieures sont abrogées en ce qu'elles ont de contraire aux dispositions de la présente loi.

TIT. 5. — DISPOSITIONS GÉNÉRALES.

52. Pour l'élection du président de la République, une loi spéciale réglera le mode de votation de l'armée.

54. Un décret réglementaire, rendu en exécution des dispositions de l'art. 6 de la constitution, fixera : 1º les formalités administratives pour la révision annuelle des listes ; 2º toutes les dispositions relatives à la composition, aux attributions et aux opérations des colléges électoraux.

LOI RELATIVE AUX REUNIONS PUBLIQUES.

(6-10 juin 1868.)

Tit. 1er — Des réunions publiques non politiques.

Art. 1er Les réunions publiques peuvent avoir lieu sans autorisation préalable, sous les conditions prescrites par les articles suivant. Toutefois, les réunions publiques ayant pour objet de traiter de matières politiques ou religieuses continuent à être soumises à cette autorisation.

2. Chaque réunion doit être précédée d'une déclaration signée par sept personnes domiciliées dans la commune où elle doit avoir lieu et jouissant de leurs droits civils et politiques. Cette déclaration indique, les noms, qualités et domiciles des déclarants, le local, le jour et l'heure de la séance, ainsi que l'objet spécial et déterminé de la réunion. Elle est remise, à Paris, au Préfet de police; dans les départements, au préfet ou au sous-préfet. Il en est donné immédiatement un récépissé qui doit être représenté à toute réquisition des agents de l'autorité. La réunion ne peut avoir lieu que trois jours francs après la délivrance du récépissé.

3. Une réunion ne peut être tenue que dans un local clos et couvert. Elle ne peut se prolonger au delà de l'heure fixée par l'autorité compétente pour la fermeture des lieux publics.

4. Chaque réunion doit avoir un bureau composé d'un

président et de deux assesseurs au moins, qui sont chargés de maintenir l'ordre dans l'assemblée et d'empêcher toute infraction aux lois. Les membres du bureau ne doivent tolérer la discussion d'aucune question étrangère · l'objet de la réunion.

5. Un fonctionnaire de l'ordre judiciaire ou administratif, délégué par l'administration, peut assister à la séance. Il doit être revêtu de ses insignes et prend une place à son choix.

6. Le fonctionnaire qui assiste à la réunion a le droit d'en prononcer la dissolution : 1° Si le bureau, bien qu'averti, laisse mettre en discussion des questions étrangères à l'objet de la réunion; 2° Si la réunion devient tumultueuse. Les personnes réunies son tenues de se séparer à la première réquisiton. Le délégué dresse procès-verbal des faits et le transmet à l'autorité compétente.

7. Il n'est pas dérogé par les articles 5 et 6 aux droits qui appartiennent aux Maires en vertu des lois existantes.

Tit. 2. — *Des réunions publiques électorales.*

8. Des réunions électorales peuvent être tenues à partir du décret de convocation d'un collége pour l'élection d'un député au Corps législatif jusqu'au cinquième jour avant celui fixé pour l'ouverture du scrutin. Ne peuvent assister à cette réunion que les électeurs de la circonscription électorale et les candidats qui ont rempli les formalités prescrites par l'article 1er du sénatus-consulte du 17 février 1858. Ils doivent pour y être admis, faire connaître leurs nom, qualité et domicile. La réunion ne peut avoir lieu qu'un jour franc après la délivrance du récépissé qui doit suivre immédiatement la déclaration. Toutes les autres prescriptions des articles 2,3,4.5 et 6 sont applicables aux réunions électorales.

Tit. 3. — *Dispositions générales.*

9. Toute infraction aux dispositions des articles 2, 3 et 4, et des paragraphes 1,2 et 4 de l'article 8 constitue une contravention punie d'une amende de 100 francs à 3,000 francs et 'un emprisonnement de six jours à six mois. Sont passibles de ces peines : —1° Ceux qui ont fait une déclaration ne remplisant pas les conditions prescrites par l'article 2, si cette déclaration a été suivie d'une réunion; —2° ceux qui ont prêté ou loué le local pour une réunion, si la déclaration n'a pas été faite, ou si le local n'est pas conforme aux prescriptions de l'art. 3; — 3° Les membres du bureau, ou, si aucun bureau n'a été formé, les organisateurs de la réunion, en cas d'infraction aux articles 2, 3, 4 et 8, paragraphes 1 et 4; —4° Ceux qui se sont introduits dans une réunion électorale en contravention au deuxième paragraphe de l'article 8; —sans préjudice des poursuites qui peuvent être exercées pour tous crimes et délits commis dans ces réunions publiqnes et de l'application des dispositions pénales relatives aux associations ou réunions non autorisées.

10. Tout membre du bureau ou de l'assemblée qui n'obéit pas à la réquisition faite à la réunion par le représentant de l'autorité d'avoir à se disperser, est puni d'une amende de 300 francs à 6,000 francs et d'un emprisonnement de quinze jours à un an, sans préjudice des peines portées par le Code pénal, pour résistance, désobéissance, et autres manquements envers l'autorité publique.

11. Quiconque se présente dans une réunion avec des armes apparentes ou cachées est puni d'un emprisonnement d'un mois à un an, et d'une amende de 300 francs à 10,000 francs.

12. L'article 463 du Code pénal est applicable aux délits et aux contraventions prévus par la présente loi.

13. Le préfet de police, à Paris, les Préfets dans les départements, peuvent ajourner toute réunion qui leur paraît de nature à troubler l'ordre, ou à compromettre la sécurité publique. L'interdiction de la réunion ne peut être prononcée que par décision du Ministre de l'Intérieur.

14. Sont abrogés les lois et décrets antérieurs en ce qu'ils ont de contraire à la présente loi.

EXTRAIT DE LA LOI SUR LA PRESSE.

(9 mars 1869.)

Art. 1er Tout Français majeur et jouissant de ses droits civils et politiques peut, sans autorisation préalable, publier un journal ou écrit périodique paraissant soit régulièrement et à jour fixe, soit par livraison et irrégulièrement.

2. Aucun journal ou écrit périodique ne peut être publié s'il n'a été fait, à Paris, à la préfecture de police, et dans les départements, à la Préfecture, et quinze jours au moins, avant la publication, une déclaration contenant: —1° Le titre du journal ou écrit périodique, et les époques auxquelles il doit paraître; —2° Le nom, la demeure et les droits des propriétaires autres que les commanditaires;— 3° Le nom et la demeure du gérant; —4° L'indication de l'imprimerie où il doit être imprimé. — Toute mutation dans les conditions ci-dessus énumérées est déclarée dans les quinze jours qui la suivent . . . .

3°. . . . . . . Sont affranchies du timbre les affiches électorales d'un candidat contenant sa profession de foi, une circulaire signée de lui ou seulement son nom. . . . . . .

TABLE DES MATIÈRES

Typ. H. Damelet, à Lons-le-Saunier (Jura).